MORFOLOGÍA

Guías Ecuestres Ilustradas

MORFOLOGÍA

Pegotty Henriques

Ilustraciones de
Carole Vincer

 HISPANO EUROPEA

Asesor técnico: **Julia García Ràfols**

Título de la edición original: **Conformation.** (Primera
edición inglesa publicada como: *Threshold Picture Gui-
des,* number 19.)

© de la traducción: **Marta Valls.**

Es propiedad, 1991
© The Kenilworth Press Ltd.

© de la edición en castellano, 2007:
Editorial Hispano Europea, S. A.
Primer de Maig, 21 - Pol. Ind. Gran Via Sud
08908 L'Hospitalet - Barcelona, España.
E-mail: hispanoeuropea@hispanoeuropea.com

Depósito Legal: B. 08725-2007.

ISBN: 978-84-255-1369-5.

Segunda edición

Consulte nuestra web:
www.hispanoeuropea.com

IMPRESO EN ESPAÑA   PRINTED IN SPAIN

LIMPERGRAF, S. L. - Mogoda, 29-31 (Pol. Ind. Can Salvatella) - 08210 Barberà del Vallès.

Índice

Introducción

El término morfología se utiliza para describir la forma del caballo. Su esqueleto y su musculatura son de gran importancia, no únicamente por razones estéticas, sino también porque una buena morfología permitirá que el caballo pueda llegar a ser un gran atleta y pueda soportar también un trabajo duro.

Hay muy pocos caballos perfectos, si es que los hay, pero el conocimiento de los principios básicos de la morfología ayuda al jinete a escoger un caballo adecuado para sus propósitos.

El temperamento y el modo de moverse del caballo también son de gran importancia. No hay por qué comprar un caballo simplemente porque sea guapo si resulta que en realidad es un caballo sin ganas de trabajar, desagradable o nervioso.

Para disfrutar montando, trabajando o compitiendo, el caballo debe tener:

• Una buena actitud y ganas de trabajar.
• Un comportamiento agradable en la vida diaria.
• Buena salud y una buena constitución.

Una morfología perfecta no sirve para nada si el caballo no tiene estas características.

No se puede cambiar la estructura del esqueleto o el talento natural del caballo, pero como sus músculos se desarrollan a base de trabajo, sus aptitudes y su aspecto se pueden cambiar si se le trabaja adecuadamente.

Mientras que el esqueleto es la base de la morfología del caballo, su musculatura revela en gran medida el modo en que ha sido trabajado y montado. Como la musculatura de un caballo joven y desgarbado se desarrolla gracias a un trabajo adecuado, lo más frecuente es que con el paso del tiempo su aspecto físico mejore.

Cuando se mira un caballo por primera vez es importante estudiar el conjunto. La naturaleza puede compensar un defecto; algún factor positivo puede contrarrestar un defecto.

La combinación de las características físicas y funcionales del caballo lo convierten en un animal ideal o en uno sin ningún interés.

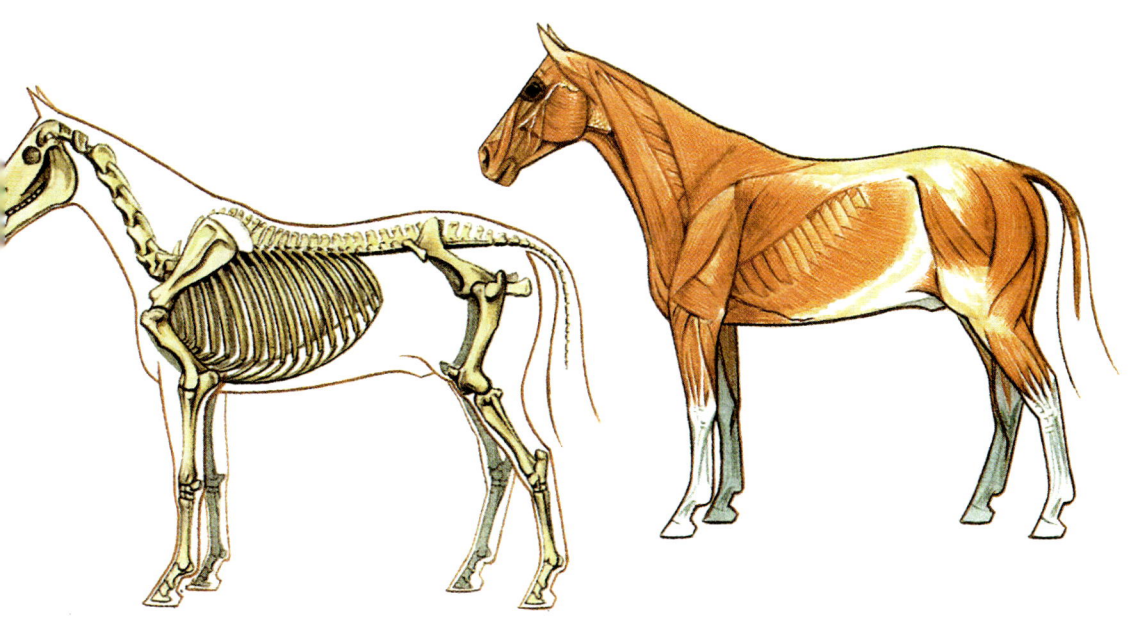

Las proporciones

Al igual que el ser humano, el caballo debe estar bien proporcionado. No importa si es grande o pequeño: debe estar bien equilibrado.

Un caballo bien equilibrado no tiene un tercio delantero demasiado pesado. Al desplazar la distribución del peso hacia los posteriores el caballo puede llevar mejor a su jinete. Debido a la estructura del caballo, el jinete suele sentarse más cerca de la parte delantera, comprometiendo seriamente el equilibrio natural del caballo.

Un caballo de cuello largo y cabeza grande tendrá mucho más peso en la parte anterior. Un cuello implantado alto y bien sostenido mejora considerablemente el equilibrio del caballo a condición de que tenga un cuello bien musculado.

Un dorso corto es fuerte y normalmente va unido a un potente tercio posterior. Puede ser incómodo ir bien sentado. Un dorso demasiado largo normalmente es débil.

En un caballo adulto la altura de la grupa debe ser igual o inferior a la de la cruz.

Un caballo con extremidades comparativamente cortas carece de capacidad atlética. Unas extremidades largas y un tórax poco profundo pueden ser indicativos de una falta de espacio para el corazón y los pulmones, fundamentales para adquirir resistencia.

Puede ser bastante incómodo sentarse en un caballo ancho, ya que suele tener tendencia a balancearse a uno y otro lado. Es fácil que un caballo de pecho muy estrecho se dé golpes en las manos.

Un cuarto trasero flojo y unos posteriores débiles son un defecto grave.

Un caballo bien proporcionado debe entrar por la vista sin que sea preciso que dirijamos nuestra atención a ninguna de sus características por separado, tanto si son buenas como si son malas.

Los distintos tipos

Existen muchas razas y tipos de caballos y ponis.

El **Purasangre** *(Thoroughbred)* es rápido, sensible e inteligente. Es un caballo criado para las carreras que también puede ser un excelente saltador y un caballo perfecto para montar. Normalmente es cómodo y tiene buenos aires. Aprende rápido. Si lo monta y lo trabaja un buen jinete, puede llegar a ser algo incomparable. La mayoría de los caballos de deporte de la actualidad tienen algo de Purasangre.

El **caballo cruzado** o de sangre caliente (Warmblood) ha sido criado para ser el caballo ideal para la práctica de la equitación moderna. Es una mezcla de varias razas y líneas que fue desarrollada en Europa mediante el cruce de material de cría autóctono con razas de calidad: los Purasangres, los Trakehners y los Árabes. Los caballos cruzados normalmente reciben el nombre de su región o país de origen: por ejemplo caballos Hanoverianos, Westfalianos, Suecos u Holandeses. Han tenido considerables éxitos en las disciplinas de salto de obstáculos y doma clásica.

El **Árabe** es famoso por su gran resistencia. Tiene una gran inteligencia, sus huesos son finos pero compactos, tiene una cabeza preciosa. No tiene fama de ser un buen saltador. Rara vez es grande.

El **Cob** es el resultado de un cruce. Un Cob auténtico tiene el cuerpo de un caballo con extremidades cortas y no puede superar los 1,53 m de alzada. Puede ser montado o ir enganchado. No es muy rápido, pero suele ser un buen saltador debido a sus potentes posteriores. Es robusto y resistente.

El **caballo de tiro** es una denominación que comprende muchas razas pesadas. En el Reino Unido el de mayor peso es el **Shire,** que con frecuencia tiene una alzada de 1,70 m y pesa una tonelada. Antiguamente los caballos de tiro se utilizaban principalmente para realizar los trabajos duros del campo, pero también se montaban. A pesar de su impresionante tamaño, fuerza y energía suelen ser dóciles.

EL PURASANGRE

EL CABALLO CRUZADO (DE SANGRE CALIENTE)

EL ÁRABE

EL COB DE GALES

EL SHIRE

La psicología del caballo

La cara del caballo refleja su carácter. Sus ojos, orejas, ollares y el movimiento de la cabeza dicen mucho de él.

Los ojos grandes, bien separados, denotan inteligencia y generosidad. Tienen que expresar interés, calma y simpatía. Normalmente un caballo que se muestra tranquilo y al mismo tiempo está interesado por su entorno suele tener buen carácter y ganas de trabajar.

Los ojos apagados combinados con unas orejas caídas pueden ser indicativos de aburrimiento o mala salud.

Un caballo de aspecto muy vivo y que mueve mucho la cabeza puede irle mejor a un jinete experto que a un principiante.

Si el caballo tiene la zona que hay entre los ojos abombada puede ser que sea tozudo. Hay quien dice que los caballos que tienen los ojos rodeados por una línea blanca no son dignos de confianza, pero esta teoría no se ha probado.

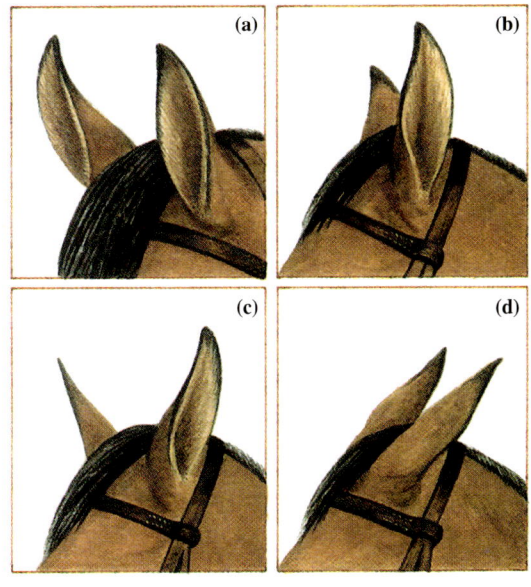

(a) Es bonito ver un caballo con las orejas levantadas, pero a veces significa que está distraído. (b) – (c) Estas distintas posiciones de las orejas significan que el caballo presta atención al jinete. (d) Confusión, desconfianza o mal carácter.

ATENTO Y TRANQUILO

SOSO

MUY SENSIBLE

TOZUDO

DEMASIADO BLANCO ALREDEDOR DEL OJO

La cabeza

Las orejas pequeñas y bien perfiladas son bonitas, pero pueden denotar nerviosismo. A pesar de no ser bonitas normalmente, las orejas grandes no son un defecto de morfología y pueden mejorar el oído. Un mal oído puede provocar nerviosismo.

La boca debe examinarse cuidadosamente. Los dientes deben estar bien colocados. Los dientes delanteros deben coincidir y no quedar superpuestos, ya que esto afectaría la ingestión y la digestión de los alimentos. El hueco de la lengua debe ser lo suficientemente amplio para que repose cómodamente en la boca sin ser desplazada hacia arriba. La lengua no debe ser demasiado gruesa ni hacer bulto en la boca, para dejar suficiente espacio para la embocadura. Si no es así, no sirve de gran cosa incomodar al caballo cerrándole fuertemente las mandíbulas con una muserola. Deben evitarse estos problemas de boca. Cuando a un caballo la boca le supone una incomodidad, pierde muchas de sus cualidades y su carácter empeora.

Los labios y los ollares grandes y gruesos normalmente denotan falta de clase y sensibilidad.

La impresión del conjunto de la cabeza y su expresión son de gran importancia, al igual que la implantación y la conexión de la cabeza con el cuello.

Debe haber un amplio espacio de al menos dos dedos justo por detrás del hueso de la mejilla, que no debe ser demasiado grande. Con un hueso grande y un cuello grueso normalmente el espacio necesario queda ocupado por un abultamiento de tejido graso. Evidentemente, para un caballo así resulta muy difícil o imposible realizar una flexión. El punto de unión del cuello con la cabeza no debe ser ni demasiado fino ni demasiado grueso.

Una cabeza grande añade peso al cuarto delantero y además no es bonita.

GARGANTA AMPLIA

Para poder realizar una flexión correctamente el caballo debe tener un espacio de al menos dos dedos por detrás del hueso de la mejilla.

GARGANTA GRUESA

Es más difícil que el caballo pueda realizar una buena flexión si tiene la garganta gruesa con demasiado tejido graso. Si además el hueso de la mejilla es grande, el problema se agrava.

OREJAS
PEQUEÑAS

OREJAS
GRANDES

Las orejas pequeñas o grandes no son un defecto. Lo importante es que estén proporcionadas con la cabeza y que expresen interés y una buena predisposición.

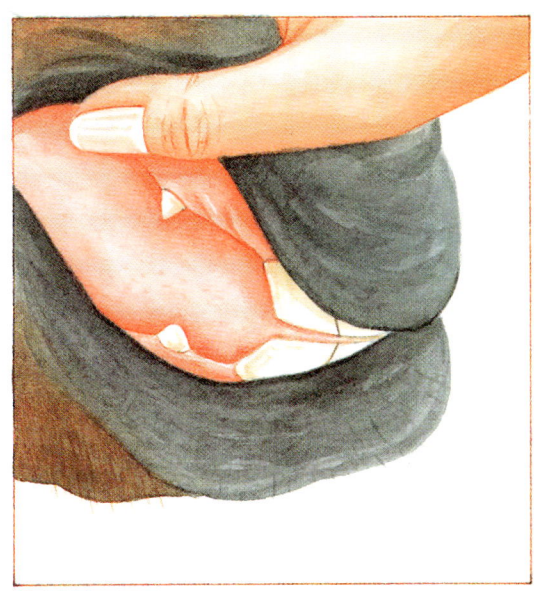

Si la lengua es grande y gruesa, queda muy poco sitio para la embocadura. Puede que el caballo con una boca de labios gruesos tenga menos sensibilidad.

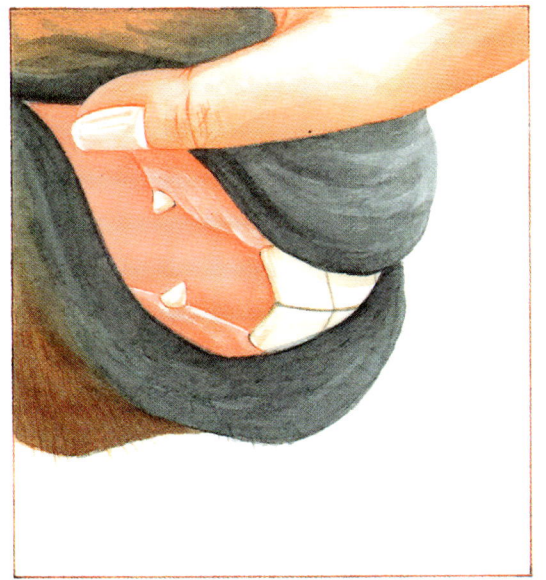

Una lengua pequeña y una boca correcta.

En esta boca se puede apreciar que hay mucho espacio, incluso para el filete y bocado.

La línea superior

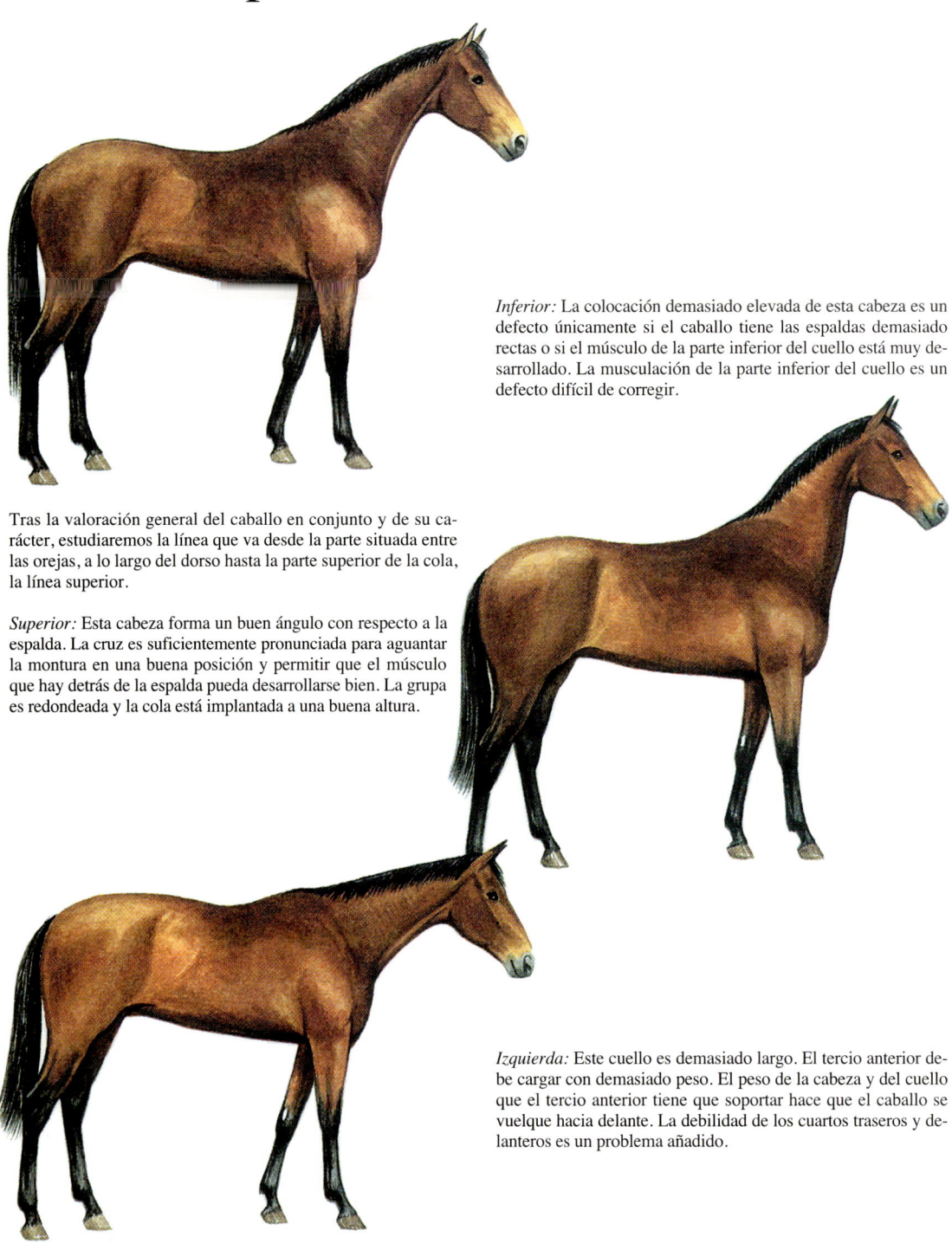

Inferior: La colocación demasiado elevada de esta cabeza es un defecto únicamente si el caballo tiene las espaldas demasiado rectas o si el músculo de la parte inferior del cuello está muy desarrollado. La musculación de la parte inferior del cuello es un defecto difícil de corregir.

Tras la valoración general del caballo en conjunto y de su carácter, estudiaremos la línea que va desde la parte situada entre las orejas, a lo largo del dorso hasta la parte superior de la cola, la línea superior.

Superior: Esta cabeza forma un buen ángulo con respecto a la espalda. La cruz es suficientemente pronunciada para aguantar la montura en una buena posición y permitir que el músculo que hay detrás de la espalda pueda desarrollarse bien. La grupa es redondeada y la cola está implantada a una buena altura.

Izquierda: Este cuello es demasiado largo. El tercio anterior debe cargar con demasiado peso. El peso de la cabeza y del cuello que el tercio anterior tiene que soportar hace que el caballo se vuelque hacia delante. La debilidad de los cuartos traseros y delanteros es un problema añadido.

Izquierda: La silla está colocada demasiado hacia delante en este caballo porque la cruz es plana. Sus espaldas rectas hacen que el jinete vaya sentado casi sobre ellas, lo que produce una incómoda vibración y sobrecarga las manos.

Derecha: Este caballo tiene una cruz bien definida y unas buenas espaldas tal como muestra la línea que va desde la cruz hasta el inicio del pecho. La silla está más retrasada y el peso del jinete, en mejor posición, permitirá al caballo mantener un mejor equilibrio.

Izquierda: Este caballo tiene la espina dorsal recta y levantada. La silla y el jinete quedan «colgados», lo que resulta muy incómodo.

La línea superior (cont.)

Durante su periodo de crecimiento el caballo puede tener la grupa más alta que la cruz. Esto normalmente cambia cuando el caballo es adulto.

A fin de cuentas lo mejor es que la cruz esté más alta que la grupa. Una grupa alta siempre da la impresión de que el caballo se apoya sobre sus patas delanteras.

A lo largo de su periodo de crecimiento un caballo joven suele tener la grupa más alta. Esto no tiene importancia mientras el caballo prácticamente no tenga cruz y ésta casi no se pueda distinguir de las espaldas. Pero en el momento en que la cruz esté bien definida y marcada hay que asegurarse de que la grupa esté al mismo nivel que la cruz o más baja.

Una cruz excesivamente prominente sin una buena musculatura justo detrás de las espaldas puede ocasionar problemas con la montura. Debe comprobarse que se pueda ver un claro túnel de luz a través del puente de la silla desde la parte posterior del caballo.

Un dorso fuerte y flexible es una gran cualidad. Con un dorso de estas características únicamente se puede conseguir que el tercio posterior adopte una buena posición que le permita llevar bien el peso, facilitando el remetimiento de los posteriores bajo el peso del jinete y hacia el centro de gravedad del caballo.

Aunque en los caballos jóvenes la musculatura del dorso aún no está bien desarrollada, tiene que poder apreciarse cierta musculatura. Debe haber una musculatura suficientemente amplia en la parte donde se apoyan los bastes de la montura para que el caballo pueda soportar el peso del jinete. También debe comprobarse que la zona donde se apoya la parte delantera de la montura no sea redondeada o que la montura no pueda deslizarse hacia los lados.

La parte de la columna que está detrás de la montura no debe ser demasiado prominente. Cuando el caballo trabaja bien, los músculos de ambos lados de la columna deben ser amplios y elevados.

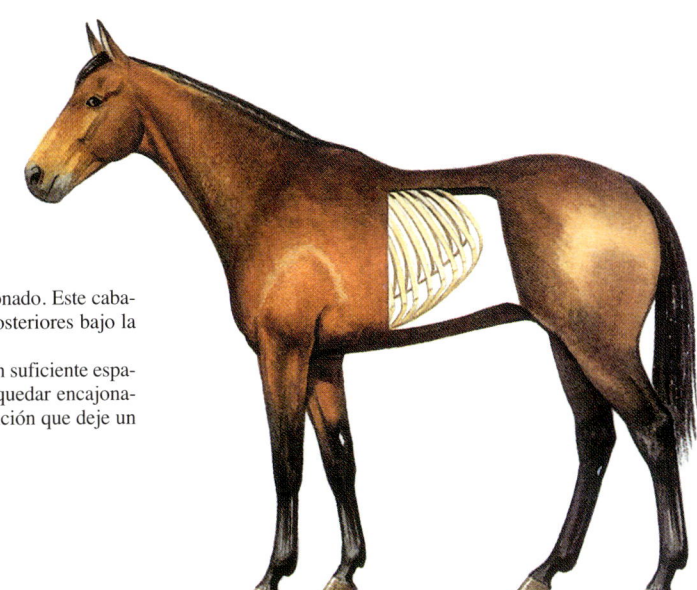

DORSO BASTANTE CORTO, FUERTE

Un dorso fuerte y bastante corto bien proporcionado. Este caballo tendrá relativa facilidad para remeter los posteriores bajo la
masa.
En un dorso de longitud ideal las costillas tienen suficiente espacio para mantener una buena separación y no quedar encajona-
das. La última costilla debe quedar en una posición que deje un
pequeño hueco por delante de la cadera.

LARGO Y DÉBIL

Un dorso largo y débil dificulta la reunión al igual que un dorso
hundido. Ambas cosas pueden hacer que los distintos aires sean
cómodos y denoten falta de fuerza. Un caballo de dorso corto es
más incómodo y tiene menor flexiblidad, pero tiene mayor facilidad para encontrar un centro de gravedad eficaz para controlar el
equilibrio que un caballo de dorso demasiado largo.

Tercio posterior

La energía que procede de la fuerza impulsiva de los posteriores debe ser transmitida por la grupa y el dorso.

La forma de la grupa y el ángulo que forman las articulaciones indican si el caballo tiene aptitudes para la velocidad, el salto o cualquier otra actividad atlética.

Se considera que un caballo tiene una buena grupa si al mirarlo de perfil ésta es bastante plana, ancha, está bien musculada y existe una buena longitud desde la punta de la cadera hasta la punta de la grupa.

Si se mira la grupa desde detrás, las puntas de las caderas deben estar bien separadas. La falta de velocidad y agilidad de un caballo para el salto se debe precisamente a la superficie plana de la parte situada entre las caderas que es una característica de los caballos de tiro. Cuanto mayor sea la curvatura de la grupa hacia las caderas, mejor saltará el caballo.

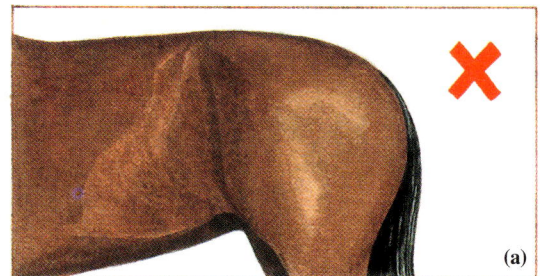

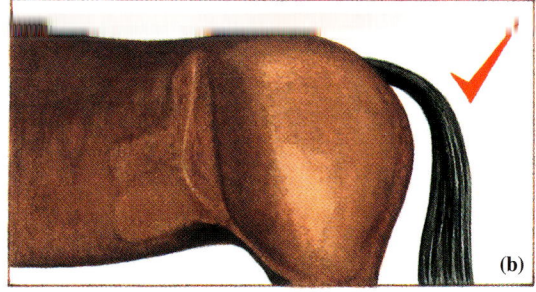

(a) Una grupa plana y poco musculada. (b) Una grupa redonda, con una buena distancia hasta la punta de la grupa y con la cadera más baja que la grupa.

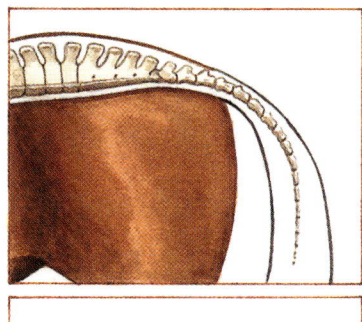

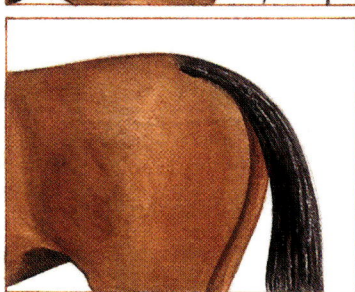

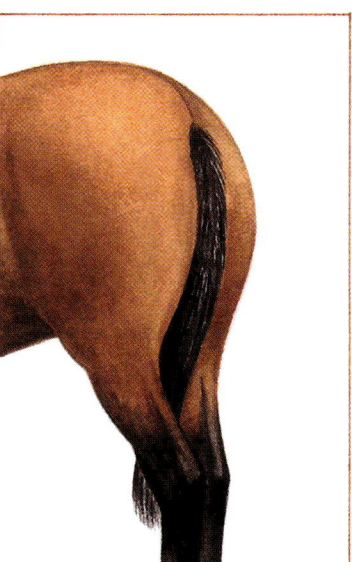

La cola es una prolongación importante de la columna. El movimiento empeora si la cola está implantada demasiado alta, debido al ángulo que forman las articulaciones, que depende de la posición de la cola.

Cuando el caballo lleva la cola pegada a la grupa significa que el dorso no trabaja bien. Una cola que oscila con soltura refleja flexibilidad y energía.

Pecho, tórax y vientre

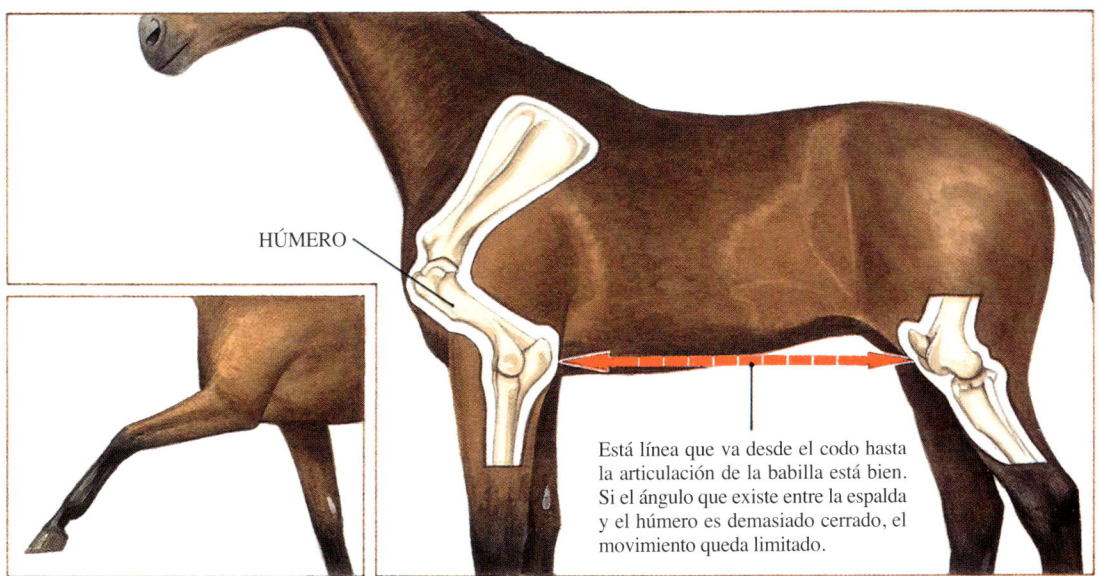

HÚMERO

Está línea que va desde el codo hasta la articulación de la babilla está bien. Si el ángulo que existe entre la espalda y el húmero es demasiado cerrado, el movimiento queda limitado.

Una mandíbula grande que sobresale del cuello, o espesa a la altura de la garganta, puede dificultar la respiración y la flexión. La finura de la parte superior del cuello ocasiona problemas similares. Ninguno de estos defectos facilita el porte adecuado de la cabeza.

El cuello debe salir suavemente de un pecho bien definido. Debe ser mucho más ancho a la altura de los hombros que en la nuca.

La musculatura de la parte inferior del cuello muy desarrollada y la de la parte superior poco desarrollada refleja una mala colocación del cuello y de la cabeza o indica que el caballo ha sido mal trabajado durante bastante tiempo. La musculatura de la línea inferior debe ser suave y armoniosa.

La articulación de la babilla no debe estar más alta que la del codo, ya que esto pondría al caballo sobre los anteriores. La línea de la barriga tampoco debe subir directamente hacia la rodilla, ya que esto haría que la montura se deslizara hacia atrás. Si la barriga del caballo sobresale, puede ser que padezca una enfermedad (deglución de aire) o que le falte forma física. Normalmente en estos casos el dorso está hundido.

Si el caballo tiene los anteriores demasiado cerrados, tendrá el pecho estrecho y no habrá suficiente espacio para el corazón y los pulmones. Si tiene el pecho demasiado ancho, tendrá peores aires y seguramente carecerá de velocidad debido a su tendencia a balancearse de un lado a otro.

Un caballo ancho es incómodo, ya que la parte más gruesa de la cincha queda debajo de las rodillas de los jinetes de piernas cortas, desplazando la parte inferior de las piernas hacia fuera.

Las espaldas y los anteriores

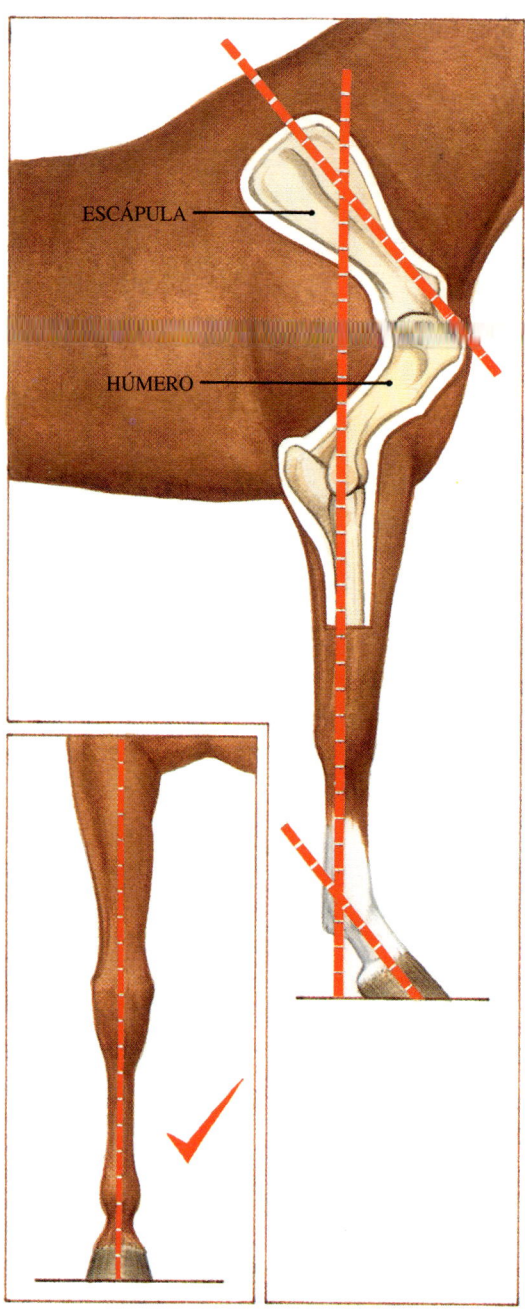

ESCÁPULA

HÚMERO

Lo ideal es que la escápula tenga una buena inclinación y que sea plana y larga. Debe poder notarse con los dedos la parte central ancha y con relieve de la escápula, que debe estar orientada hacia el centro de la cruz.

El ángulo del húmero (desde la articulación de la escápula hasta la articulación del codo) debe ser bastante vertical y no quedar demasiado retrasado, ya que esto obliga al caballo a inclinarse hacia delante y dificulta el movimiento.

La punta del codo no debe quedar demasiado cerca del caballo, pero debe haber suficiente espacio para que entre ella y las costillas quepa un puño. Esto garantiza libertad de movimiento.

La distancia desde la cruz hasta la punta del codo debe ser aproximadamente la misma que la de la punta del codo al suelo, y las costillas no deben ser planas, sino que deben estar curvadas hacia fuera. Estas cualidades garantizan que haya suficiente espacio para el corazón y los pulmones.

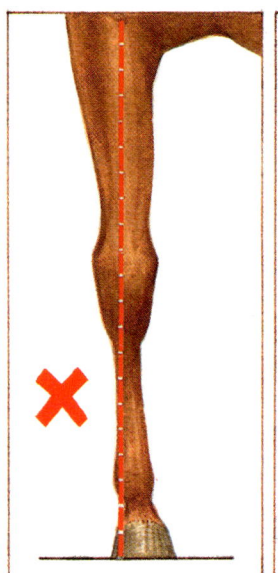

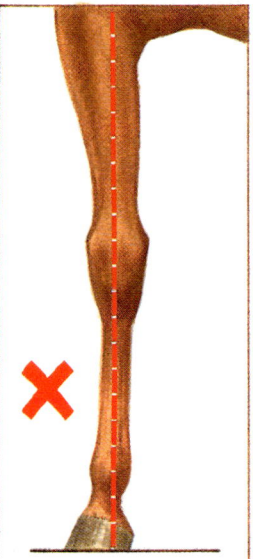

De frente, también se puede apreciar la configuración de este anterior, la inclinación de la escápula, un húmero bastante vertical y un antebrazo de buena longitud y bien musculado.

La rectitud y la simetría son muy importantes. Deben evitarse los anteriores torcidos, ya que sobrecargan los tendones, las articulaciones y los ligamentos.

Vistos de perfil y de frente, los anteriores deben ser rectos y no estar inclinados hacia atrás, hacia delante, ni formar ángulos hacia dentro o hacia fuera.

El antebrazo debe ser largo y la caña corta para que el caballo pueda tener amplitud en sus movimientos.

La rodilla se compone de un montón de huesos, pero debe ser plana y ancha por delante y profunda.

Cualquier variación de la posición simétrica de las extremidades debe considerarse una debilidad.

Los defectos graves son:

- **Corvo,** cuando el caballo parece tener siempre la articulación de la rodilla inclinada hacia delante.
- **Transcorvo,** cuando la parte posterior de la rodilla está retrasada y la parte anterior es cóncava.
- **Estrecho debajo de la rodilla,** cuando la circunferencia del hueso a esa altura es inferior a la de la caña más abajo, lo que limita el movimiento del tendón.
- **Rodillas de vaca,** que son planas por la parte anterior y posterior, y que carecen de fuerza.

Las articulaciones de los menudillos deben estar bien definidas y es mejor que sean finas en vez de redondeadas y abultadas. Su abultamiento denota un esfuerzo y un desgaste excesivos.

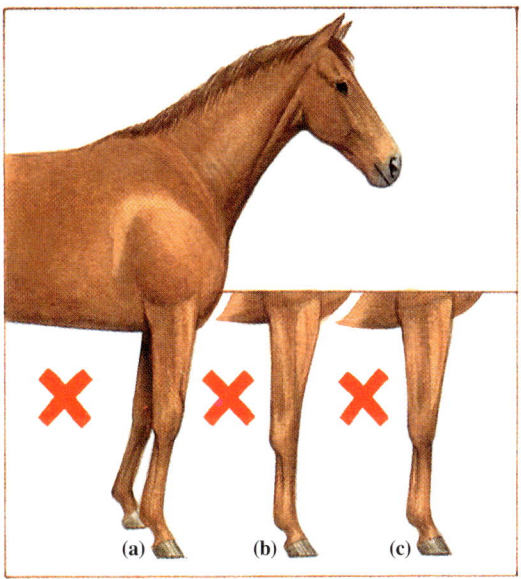

(a) **Corvo,** con una desviación hacia delante de la articulación de las rodillas. (b) **Transcorvo,** con una desviación hacia delante que forma una línea cóncava. (c) **La unión** es más estrecha debajo de la rodilla.

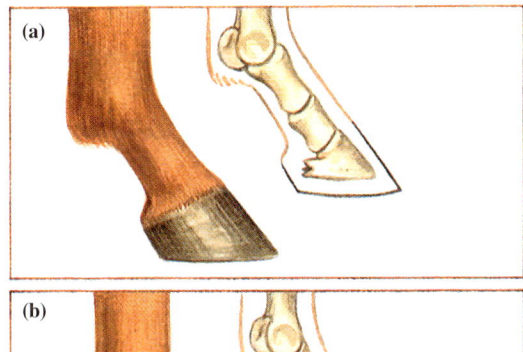

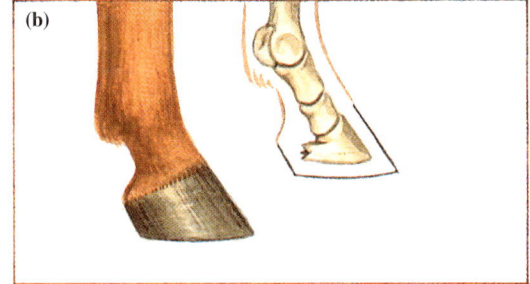

Las cuartillas bien proporcionadas y de una longitud razonable (a) confieren elasticidad a los trancos. Las cuartillas cortas (b) suelen hacer que el caballo sea incómodo.

Los posteriores y los corvejones

A medida que progresa su adiestramiento, el caballo va cargando más peso en el tercio posterior y por consiguiente en los corvejones y los pies.

Un caballo con un tercio posterior y unos posteriores malos progresa con dificultad.

Cuando un posterior está bien colocado debe poder trazarse una línea imaginaria vertical desde la punta de la grupa hasta la parte posterior del corvejón, prosiguiendo por la parte trasera del posterior hasta el menudillo.

La articulación de la babilla debe quedar cerca del cuerpo, pero ligeramente orientada hacia el exterior para permitir que el caballo tenga libertad de movimientos. Si está demasiado abierta, puede que el caballo abra los posteriores al moverlos.

El corvejón es una articulación muy importante. Debe ser ancho visto de perfil y grueso visto desde atrás. Su aspecto debe ser el de un conjunto óseo de gran fuerza.

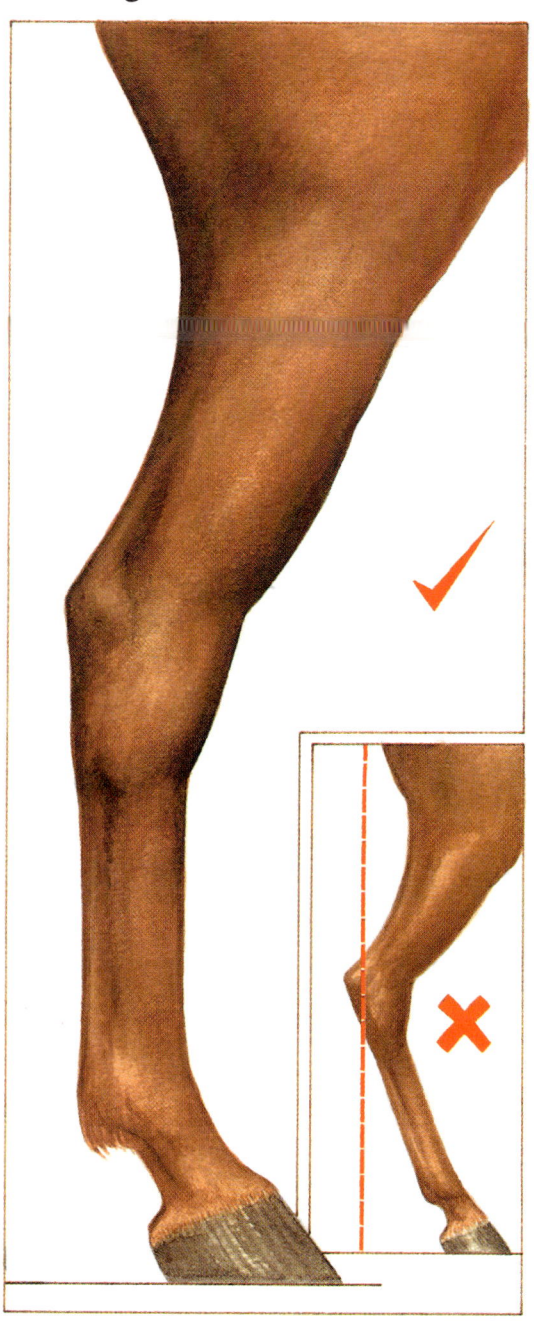

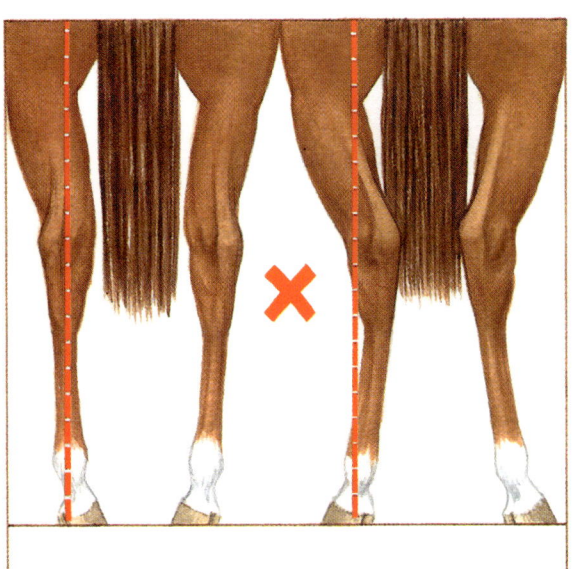

Los caballos de corvejones abiertos o cerrados (corvejones de vaca) son puntos débiles que pueden provocar malformaciones en las articulaciones del menudillo.

Un posterior y un corvejón correctos *(ilustración principal)*. *Recuadro:* Caballo sentado de corvejones ¡Montar un caballo así es como sentarse en una silla con una pata torcida!

Los caballos con un nivel de adiestramiento elevado –gracias a sus aptitudes naturales, su entrenamiento y al ejercicio que realizan– adquieren una gran capacidad atlética. Al aprender a remeter los posteriores debajo de la masa, la distribución del peso cambia y el peso se traslada hacia atrás aligerando todo lo posible el tercio anterior. De esta manera, al caballo le es más fácil parar, aumentar de velocidad, hacer giros cerrados y saltar manteniendo el equilibrio.

Al quedar aligerada la parte anterior, las manos aguantan más, hacen un esfuerzo menor y el jinete disfruta de un mayor control y manejabilidad. La fuerza impulsiva del caballo está en los posteriores. Debe examinarse con gran atención sus proporciones y su potencia.

El pie

El pie es una parte fundamental del cuerpo del caballo que merece una especial atención. La mayor parte de las cojeras se deben sobre todo a alguna lesión en el pie. Su forma, calidad y fuerza son cualidades de tanta importancia que la Guía Ilustrada correspondiente a *Cascos y Herrajes,* considera aparte.

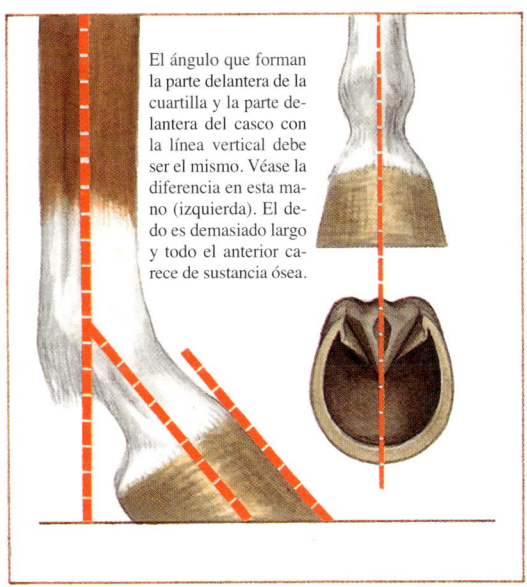

El ángulo que forman la parte delantera de la cuartilla y la parte delantera del casco con la línea vertical debe ser el mismo. Véase la diferencia en esta mano (izquierda). El dedo es demasiado largo y todo el anterior carece de sustancia ósea.

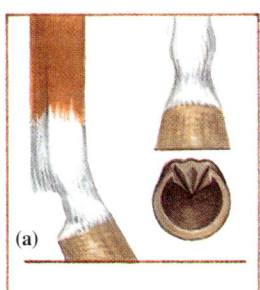

(a)

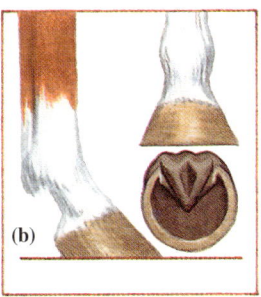

(b)

Los **cascos pequeños (a)** tienen la superficie de contacto con el suelo pequeña. En cambio, las palmas de un casco **plano y ancho (b)** están en constante contacto con el suelo y se rompen con facilidad.

La altura del talón debe ser, aproximadamente, igual a la mitad de la altura de la parte delantera del casco. El casco debe ser simétrico, circular por la parte delantera y tener los talones bien abiertos.

La musculatura y la forma física

La forma del caballo en líneas generales viene determinada por la estructura que tiene su esqueleto cuando es adulto. Por consiguiente, es un elemento fundamental a la hora de determinar su morfología.

Los músculos se desarrollan a medida que va creciendo el caballo, dotándolo de mayor belleza y reflejando el modo en que se está desarrollando.

En los caballos jóvenes que aún no se montan se puede intuir la manera en que se va a desarrollar su musculatura.

Los músculos de calidad son largos y suaves y, gracias al trabajo, aumentan de tamaño manteniendo, no obstante, las mismas cualidades. Los músculos con nudos, así como los gruesos y pesados no son aconsejables para un caballo de silla y en cambio sí son adecuados para hacer esfuerzos con una gran fuerza como los que realizan los caballos de trabajo.

Si el caballo está gordo, muchos defectos musculares y de morfología quedan disimulados. Es más fácil juzgar la auténtica morfología de un caballo cuando está delgado.

Debe prestarse especial atención a los músculos de la parte superior del cuello, a los que están delante de la cruz (trapecios), a los músculos del lomo y a los flancos y las piernas. Si se observan bien, se puede apreciar cómo van a desarrollarse.

Hay que mirar si el caballo tiene la musculatura mal desarrollada, es decir, alguna irregularidad en los músculos de la línea superior y del cuello, musculatura debajo del cuello o debilidad muscular en las piernas.

Vistos desde la parte posterior, los músculos que hay entre las piernas casi deben tocarse. Si hay espacio y se ve luz, es que falta musculatura.

Es fácil confundir la grasa con los músculos. Debe comprobarse el recubrimiento de las costillas. Un exceso de grasa tiene una textura grumosa, consistente.

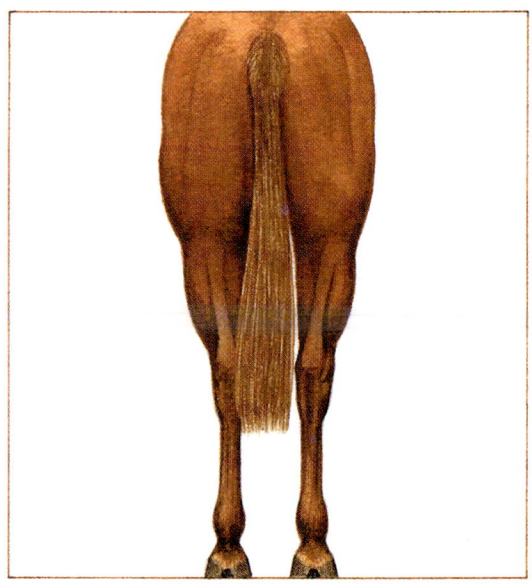

Posteriores bien musculados que dan la sensación de que se trata de un caballo con fuerza.

La belleza del cuello y los músculos de la espalda de este caballo son el reflejo de su buena musculatura y de un trabajo correcto.

El movimiento

Independientemente de lo guapo que sea un caballo cuando está quieto, debe moverse bien. Los elementos fundamentales que deben poder apreciarse son la rectitud, la libertad de movimiento y la regularidad.

Hay que ver al caballo llevado de la mano moviéndose sobre una superficie dura. Las extremidades del caballo deben desplazarse hacia delante, en línea recta, los anteriores deben moverse con regularidad siguiendo el esquema del aire correspondiente y pisar en el punto hacia el cual se dirige la punta del casco.

Los pies y las manos no deben desplazarse hacia dentro ni hacia fuera (campanear), y los cascos no deben hacer ninguna rotación al pisar el suelo.

Debe haber suficiente espacio para que los anteriores y los posteriores puedan moverse sin arrastrarse. Sin embargo, si las extremidades están demasiado separadas, el caballo suele tener una menor capacidad atlética.

Los posteriores deben seguir directamente el recorrido de los anteriores del mismo lado.

Aunque se considera que el balanceo o campaneo de las manos es un defecto, puede ser debido a una falta de fuerza y madurez. Este antiestético defecto no es grave, salvo si el balanceo empieza a la altura de los hombros y convierte esta oscilación del caballo de un lado a otro en un problema adicional.

Deben mirarse bien los anteriores y los posteriores para tener la seguridad de que cada tranco tiene la misma longitud y elevación. Hay que ser capaz de ver si existe alguna diferencia, por pequeña que sea, en el movimiento de los posteriores, sobre todo con respecto a su elevación, porque puede ser debida a un esparaván o a un espasmo muscular.

Cuando el caballo va al paso y el posterior supera ampliamente la huella del anterior, significa que tiene un movimiento amplio. Un caballo con amplitud avanza sin titubear y con soltura.

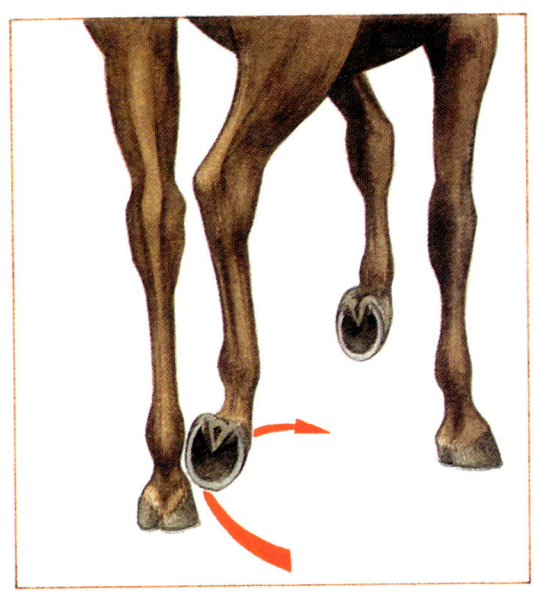

Los posteriores se juntan demasiado y pueden provocar lesiones continuamente debido a los golpes.

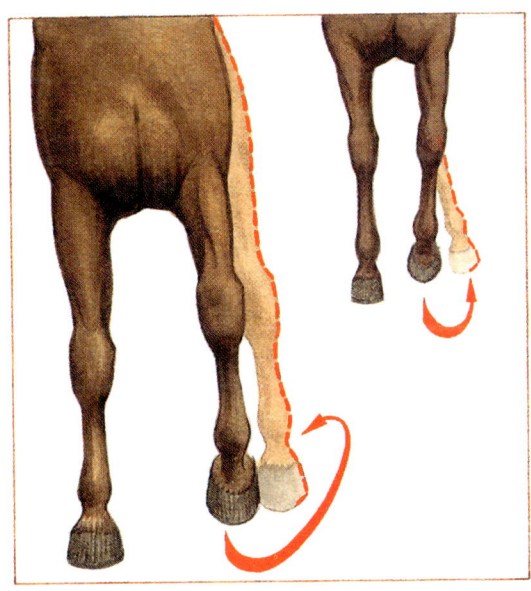

El desplazamiento de la espalda hacia fuera es un defecto grave porque desequilibra el caballo. Si sólo se desplaza el casco, no es tan malo.

Los aires

Debe observarse al caballo en todos los aires, en círculos a la izquierda y a la derecha y en línea recta.

Algunas veces un caballo relativamente feo nos sorprende porque tiene aires brillantes.

En el paso cada movimiento debe tener cuatro tiempos bien marcados y regulares y los posteriores deben pisar claramente por delante de la huella de los anteriores. Los defectos que normalmente pueden observarse sólo cuando el caballo está siendo montado son: la ambladura en la cual el caballo se mueve en dos tiempos con el anterior y el posterior del mismo lado avanzando a la vez, seguidos por el anterior y el posterior del otro lado, a un ritmo irregular en relación con los claros tiempos 1-2-3-4.

Al trote cada tranco está constituido por dos tiempos claros en los que las extremidades se desplazan por diagonales con un momento de suspensión entre cada tranco.

La esencia de un buen trote es su suspensión y su elasticidad. Los posteriores deben subir y moverse directamente hacia delante y no ser arrastrados quedando fuera de la masa.

Antes se consideraba que un movimiento raso era ideal, pero hoy en día al caballo moderno se le pide que tenga un movimiento más redondo y más expresivo.

El galope se compone de tres tiempos con un breve momento de suspensión. El caballo debe saltar en cada tranco en vez de quedar a ras del suelo sin expresión alguna.

Al galope el caballo debe cubrir todo el terreno que pueda en cada tranco. Siempre debe probarse un caballo al galope, ya que con ello uno puede hacerse una idea sobre su capacidad pulmonar y cardiaca, así como sobre sus aptitudes en conjunto.

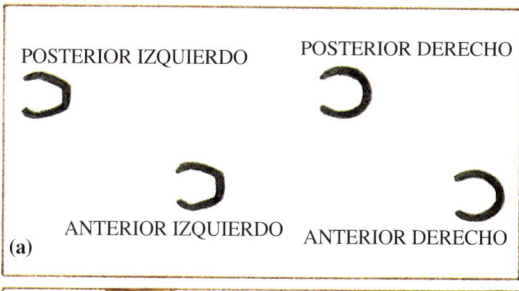

(a) Los tiempos del paso. (b) Se puede apreciar cómo el posterior pisa delante de la huella del anterior.

Aquí se puede apreciar que existe un pronunciado momento de suspensión en el trote que refleja una muy buena impulsión.

Este medio galope es saltado, alegre y bien equilibrado. El caballo se mueve hacia delante y hacia arriba con una buena actitud.

En este caso se dice que el caballo «arrastra» los pies porque el medio galope carece de la impulsión que produce el momento de suspensión. Es un aire soso y falto de acción.

En este salto en libertad el caballo utiliza la cabeza y el cuello con gran soltura. Flexiona correctamente los anteriores, bascula muy bien y tiene una técnica excelente.

Este caballo salta demasiado alto, no puede flexionar bien los anteriores, hunde el dorso y levanta la cabeza, lo que refleja una mala actitud.

La monta

Primero miraremos el caballo mientras lo montan. Miraremos si está atento y relajado o aburrido.

Nos tomaremos nuestro tiempo para observarlo atentamente y verlo en todos los aires, a ambas manos y saltando. Miraremos cómo reacciona después del salto.

Valoraremos su equilibrio natural. ¿Tiene aspecto de ser un buen atleta y le resulta fácil trabajar o le falta coordinación?

En todos los aires debe haber rectitud en los movimientos, y las articulaciones de las extremidades deben ser elásticas y activas.

También montaremos el caballo nosotros, aunque nunca debemos montarlo si parece inapropiado o peligroso.

Uno debe sentirse a gusto en la montura. Debemos estar con el caballo tan a gusto como cuando nos ponemos algo que nos sienta bien. Si el caballo tiene la anchura adecuada, notaremos muy fácilmente sus flancos con la parte inferior de las piernas. Esto significa que podremos aplicar bien las ayudas con las piernas.

Debemos tener la impresión de que estamos sentados en el centro de una máquina bien equilibrada. Obviamente, un caballo muy joven nunca da esta sensación y hay que tener cuidado si es muy desgarbado.

No deben confundirse sus reacciones y sus ganas de trabajar con el nerviosismo. Un caballo debe ir hacia delante con ganas respondiendo a las ayudas de su jinete sin ponerse nervioso, pero no debe ser frío y soso. Hay que darle un toque al caballo con la fusta. Tiene que reaccionar con calma.

Debe ser cómodo a los tres aires.

Aunque muchos defectos son el reflejo de un mal trabajo, no hay que fiarse mucho de un caballo que tiene problemas con la boca y la embocadura.

Un caballo que nos gusta, que acepta bien la embocadura, que responde a las ayudas y que sabe quedarse quieto y permanecer tranquilo puede ser mucho más agradable que un artista brillante de carácter difícil.

La primera impresión que se tiene de un caballo es la buena. Nunca tenemos que comprar un animal que no nos guste a primera vista. Nunca debemos dejarnos convencer para comprar un caballo que al principio nos ha dado una mala impresión. El carácter de un caballo es su característica más importante, y si tiene corazón y buena voluntad muchos defectos de morfología se pueden superar milagrosamente.

Anotaciones personales